JN410881

가나다라 아베체데

ga na da ra　a b c d

가나다라 아베체데
ga na da ra a b c d

닐숨 박춘식 靈詩集

리북

■ 차 례

—기역—

11 가나다라

12 층층바위

13 부활 이력서

14 엄마의 기도

15 한글을 축복하소서

16 이발소 명상

17 '가시나'가 욕이라고

18 그담은 머꼬

19 령시靈詩는 약이다

20 하느님과 악수를

21 무無의 무게

22 하느님을 죽이고 있다

23 가을 나무는

—니은—

27 나를, 내가 집어 던졌다
28 나를, 내가 찢어버린다
29 나를, 내가 단죄한다
30 나를, 둘째 아들이라고 부른다면
31 나는, 어머니 생각으로
32 나를, 내가 바라본다
33 나는 그대로 나다
34 나는 외로움 안에서
35 나를 태워버린다
36 하느님의 자비는
37 죄인이라는 단어
38 봄은 봄으로써
39 신비신학 강의
40 하느님의 보우
41 아직 살아있다는 의미는
42 중생이라는 말
43 끝 기다림

—디귿—

47 다가가면
48 하느님의 헛기침
49 요셉 성인 부르면
50 하느님의 안경
51 세 번 그리고 세 번
52 이 나이에 머 하꼬

마지막 문 53
붉은 하늘 54
에덴동산에서 55
하느님을 불러 본다 56
기도의 세 가지 의미 57
그 말씀을 먹으며 58
이번 가을에는 59
오징어와 소주 60
요즘의 하느님께서는 61

—리을—

라틴어 배우면서 65
해발 9천 미터 66
카인의 돌멩이 67
수행자가 되면 68
황토 흙바닥 69
성금요일의 일기 70
빛살기도 71
가로등 72
속俗과 성聖 73
인조신人造神 74
핸들 기도 75
혼으로 기다린다 76
순교의 나래를 77

—아베체데—

81 싱글single

82 테이크 아웃takeout

83 영어회화 공부

84 자로 오이소

85 물수제비 기도

86 금연 광고

87 우주 가득한 성체성사

88 더 새로운 세상

89 마음의 눈을

90 순례 여행 가방

91 순례자의 기도 1

92 순례자의 기도 2

93 새하얀 부메랑

—덧거리 글—

97 시 짓는 일이 힘들지만

98 주일 미사 시작 전, 용서의 절

99 난감한 편지

100 텔레비전 방송국에 건의하는 글

101 지폐 도안 인물

102 아그사 그리고 두아총

103 수박 때문에 울었던 일

106 가끔 달리 생각이 난다

107 2017년의 시집은 열 번째 시집

기역

너희 가운데에서
첫째가 되려는 이는
너희의 종이 되어야 한다.

마태오 복음서 제20장 27절

가나다라

삶의 무게를 집어던지고 사각팔방
쏘다니던 나를
밤낮 달려오던 시간이
축구공 안에 꾸겨 넣어
코너킥 하려고 씩씩거린다

가나다라
편안한 순서들을 밀치고
차타자
나가자 사하라 바라마

모래바람 사이로 보이는 골대
그 위의 붉은 십자가는
기억이 니은을 업고 있는 듯
별처럼 가물거린다

층층바위

산을 오르다 층층 바위를 만났다
흘러간 시간이 층층으로 앉아 있는
그 바위가 나를 보더니
— 삐딱한 층이 나보다 갑절이나 더 많구나
천 년 바위 만 년 바위가
백 년도 안 된 나에게 빙긋 웃는다

하산하다가 잠시
올해에는 병신 육갑 떨지 말아야지
우러러
야곱의 하늘을 향하여
머리를 조아린다

부활 이력서

자만自慢 항상 거만하게 스스로 자랑했습니다
자고自高 스스로 높이 여겼습니다
자만自滿 스스로 흡족洽足하게 여겼습니다
자학自虐 못난 자신을 스스로 학대하였습니다
자책自責 자신의 잘못을 스스로 꾸짖었습니다
자은自隱 스스로 감추고 숨기며 부끄러워했습니다
자침自沈 스스로 가라앉아 자포자기하였습니다

예수님께서
어둠의 골짜기를 죄다 지우신 다음
부활은 항상 현재이다
하시면서 번쩍이는 손으로
하늘 비자visa를 주신다

엄마의 기도

엄마가 어렸을 때
엄마의 엄마는
얼마나 깊은 숨결을
한 땀 한 땀 이어가며 모았을까
그러면서
바라보는 오월 하늘에는
하늘 엄마의 여린 가슴이
그윽한 기도를 여태껏 챙기신다

한글을 축복하소서

진동으로 소리를 만드신 하느님
엄마의 목젖을 바로 세우면서
한글을 배우는 아이를
아어오우
모음母音 으이를 강복하소서

자음子音은
아빠의 입술과 굳은 혀를 눅이어
가나다라 마바사 축복하소서

첫 말씀이시고
끝 말씀이신 하느님
초성 중성 종성 안에 매일
상큼한 꽃 내음을 채워
하늘로 땅으로 사람으로 흐르게 하소서

이발소 명상

해마다 찾아오던 달력이
기억 밖으로 조금씩 밀려나고 있다
멀어지고 있는 세정世情의 시력으로
푸시킨의 시 구절을 음미한다 그리고
미국 아가씨의 느물대듯 뭉클한 젖가슴이
푸근히 누르고 있는 새해 달력을 가만 본다
아가씨와 푸시킨을 집에 데리고 가서
달력을 함께 그리기로 마음먹는다

하느님이 내려주시는 번개 같은
시각 시각 안에 초록 연필로
시상詩想도 함께 그리고 싶다

'가시나'가 욕이라고

초등학교 다닐 때
내 종아리는 엄마의 전유물이었다

'가시나' 하고 말하면 큰 욕이라고
천주님에게 죄를 짓는다고
벌건 회초리 그림을 그렸다
'개새끼' 또는 '이 자식'이라고 하면
그날은 방방 울고 엉엉엉 빌어야 했다
그런데 요즘 '가시나'들이 자주 보여
60년 동안 못했던 '가시나' 욕설이
천주님 앞에서도 저절로 튀어나온다
걱정이다

엄마의 어둑한 부엌 앞에
슬픈 회초리가
멀거니 나를 바라보고 있다

그담은 머꼬

나를 개새끼라고 부르던 그들 —
전에는 '야 쫄병 명령 복종해' 하더니
오늘은 돼지라고 말한다
째려보는 눈매가 매섭다
돈을 빼앗는 새까만 갈퀴에 치가 떨린다

얼마 전까지 버러지였던 내가
크게 승진하여 가까스로 짐승이 된다
산짐승 사막짐승 뭍짐승 바다짐승 날짐승 네발짐승
길짐승 물짐승 두발짐승 멧짐승 집짐승 들짐승

그담은 머꼬

독선 독주와 금수저 그들 —
그들 중에 아무에게도
사람 이마에 선명히 찍혀 있는
하느님의 인감印鑑을 보는 눈이 없다

령시靈詩는 약이다

령시靈詩는
시인이 원하는 것을 보고
주문을 중얼거리며
하늘 옷을 입히는 것이 아니다

저녁이 되어 기도를 바치는 시인이
아침마다 경이로움을 살핀다
하느님의 한 가닥 빛살을 온몸으로 잡는 시詩
어쩌면
기적처럼 나타나는 시가 령시靈詩이다

혼魂에게는 탕약 한 사발이다
령시는

하느님과 악수를

눈 비비며 세면대 꼭지를 열자
솨아아
수돗물을 두 손으로 받는 순간
하느님의 손길로 느껴 종일 먹먹했다
그 날 아침
하느님과 악수하였던 놀라움이
지금은
갈릴래아 호수 위를 걸어가는
꿈을 만지작거리고 있다

무無의 무게

조금 배워서 뭘 안다고
모가지가 탱탱했을 때 산새를 만났다
— 나랑 함께 기도하자, 새야 새야

더운 바람 찬 바람으로 가다 가다가
허리가 구부러진 어느 날
무無의 무게를 느낄 때
바지랑대에서 묵상하는 잠자리를 만났다
— 너의 기도 옆에, 내가 앉아도 되겠니

잠자리 날개를 흰 연필로 그리면서
묵묵 기도를 배운다
입정入靜을 수련한다

하느님을 죽이고 있다

사람들이
하느님을 죽이고 있다

이천여 년 전
종교가 하느님을 죽이려고
모세 율법은 십자가를 높이 세웠다
천 년 흐르고 또 흘러
신은 죽었다고 선언하면서
쟁쟁하던 서양 철학이 하느님을 죽였다
요즈막에는 사람들이 하느님을
만능칩萬能chip 속 어두운 구석에 꽁꽁 가두어
전지전능을 손에 들고 다니며 낄낄거린다

사람이 하느님을 죽이고 있다
그 현장에
한 방울의 슬픔도 안 보인다
한 가닥의 죄송한 마음도 안 보인다

가을 나무는

하늘님의 뜻을 따라
내려앉는 순종을 보여준다
나무들이, 그리고
결빙의 흙을 덮는 색색 담요로 변신한다
호수도 홑이불을 덮고 잔다
지난 겨울
곰지락거리며 새 아기를 만들어
산천을 꾸미고 열나게 땀을 흘리다가
지구 닮은 열매들을 만들어준다

가을 나무는
뜨거워 넘치는 하늘님의
재생사이클再生cycle을 보여준다

니은

둘째도 이와 같다.
'네 이웃을 너 자신처럼 사랑해야 한다.'
는 것이다.

마태오 복음서 제22장 39절

나를, 내가 집어 던졌다

네 살 때
더듬거리듯 말을 못하는 나를
어머니가 보리밭에 던졌다고 한다
갑자기 놀라면 말문이 열린다는
어느 할마시 말을 듣고

이 삼십 대
혼자 잘난 척 모가지가 뻣뻣했을 때
내가 나를 집어 던졌다
보리밭 언덕 밑으로

얼이 어물거리기만 하여
나를 내던졌다
구지렁물에 쓰레기덤에 사막에

이제 건져서
우선 심장만 씻고 닦아
그늘에 말리고 싶다

나를, 내가 찢어버린다

시를 쓰다가
박박
내가 나를 찢어 버린다

죄 허물 참회 부끄러움 후회
시꺼먼 단어들이
어쩌자고
휴지통 밖으로 기어 나와
어기적어기적 책상 위로 올라온다

어쩌자고 이럴까

나를, 내가 단죄한다

하느님을 죽인 사람이 한둘이 아니다
하느님에게 삿대질 하는 사람도 많을 뿐 아니라
하느님에게 욕하는 것을 예삿일로 여긴다
하느님께 등 돌린 사람이 수없이 많다
하느님을 섬기는 척하면서 돈만 쳐다본다
하느님께 영광 드린다면서 윗자리로 올라간다

남의 일로 여기고 싶다 정말
몽땅 나의 잘못이지만

속 깊숙이 올라오는 두려움으로
내가 나를 단죄한다

— 저는 죄인입니다
— 못할 짓을 하여 죄를 지었습니다

나를, 둘째 아들이라고 부른다면

나는 아버지 집에—돌아가지도 못한다—염치도 없고—신발도 없어서—너덜너덜한 옷으로—굶어 죽는다면—아버지에게 어찌 갈 수 있을까—그래도 가야 한다면—허기져서 못 간다—기어 기어서 간다면—핏덩이가 길바닥에 떨어져—참회의 그림을 그릴 것이다—

집 나간 탕자는 얼마나 행복한가
이천년 동안 성경 안에서 절망하던
자신을 스스로 책망하던
그 둘째 아들이
나보다 얼마나 감동적인가
나보다 얼마나 진솔한가

나는, 어머니 생각으로

가끔 멍청이처럼
어머니의 흙길을 그윽이 본다
머리에 옹기를 이고 가는 여자를 보면
멈칫 선다
장터에서 옹기 팔던 어머니를
목을 쭈욱 올려 기다리던
노첨지* 고개를 눈물로
바라보고 또 눈물로 그려본다

* 어머니를 기다리던 어릴 적 마을 언덕

나를, 내가 바라본다

눈으로 보면 그냥 보인다
돋보기로 보면
주근깨가
낙엽으로 흩어져 예술 작품 같다

군데군데 검은 점이
나타나기 전에는
아무도 보이지 않았다
하느님도 보이지 않았다
더더욱
내 꼬라지도 안 보였다

나는 그대로 나다

몇 달 끙끙거려도 진전이 없다
땀을 흘려도 기운만 빠진다

나는 그대로 나다

어제보다 내일이
더 소중하다고 뉘 말하기에
눈을 반짝 뜨고 일을 한다

나는 그대로 나다

아우에게 맏아들의 축복을 빼앗긴
에사우처럼 멍하게 있지만
하느님 멀리 바람처럼 살지만

나는 그대로 나다

허울은 늘 변함이 없는데
안이든 밖이든 눈만 껌벅거린다

나는 그대로 그냥 나다

나는 외로움 안에서

외로움 안에서 나는
외로움을 접었다 폈다 하면서 살았다

나 홀로 숟가락을 들면 더 외로워지고
나 홀로 걸어가면 더 외로웠다
나 홀로 외로움을 데리고
외로움을 먹으면서 살아왔다

지금은
외로움의 터널을 걷고 있다
나 같은 외로움이
하느님을 만나게 되면
어떻게 인사를 올려야하나
생각해본다
곰곰이 생각해본다

나를 태워버린다

모닥불에
1955년 수강 노트를 태운다
'여자의 기분과 개구리가 뛰는 방향은 알 수 없다'
어느 대학 신문에서 읽은 글을
왜 꼼꼼 또박또박 적었을까

이승의 문을 닫을 때
내가 공부하면서 읽은 책 위에
나의 주검을 놓고
내가 적은 글자들을 주검 위에 얹어
화장火葬하면 좋으련만

하느님의 자비는

사랑이 손을 가지면
따스한 자비로 움직이고
사랑이 두 발을 만들면
자비가 되어 아픔을 두루 찾아 나선다
하느님의 자비는 언제든
천 개의 발로 얼음을 녹이고
만 개의 손으로 꽃길을 만든다

죄인이라는 단어

창세기의 기록 훨씬 이전
어느 임금이 왕명으로
어느 부자가 갑질로
죄—죄인—범죄—이런 말을 만들었을까

큰 죄인이 되어 그 기원을 찾아 나선다
40년을 헤매다가 천사를 붙잡고 사정,
통사정하여
하느님의 사랑백과사전을 살짝 엿본다

'죄인' 그리고 '죄'—
지구에서 사용하는 단어이며
하늘나라에서는 '부족함'이라고 한다

봄은 봄으로써

진달래가 겨울을 열고
연분홍 바람으로 나타나면
봄은 봄으로써
더욱 환하게 피어난다
잿빛 십자가를 안아봄으로써
마음의 봄은
생명의 찬가를 직접 연주한다

신비신학 강의

모든 존재는—즉 돌멩이 낙엽 모래언덕 등등은—존재로서 이미 하느님께 찬미를 드리고—하느님의 영광을 드러내고 있다—사람이나 천사만이 하느님께 찬미를 드리는 것이 아니다—무생물도 존재로서—다른 존재와 조화를 이룸으로써—자기의 변화로써—하느님께 영광을 나타내고 있다—

지당한 말씀

그런데
벼락 맞은 바위도
강가의 썩은 나무토막도 하느님께 기도를 바친다
라고 한다면 더 산뜻하지 않을까

하느님의 보우

문제를 해결해야 하는 사람
문제를 풀어주어야 하는 사람
이런 사람들이 오히려
서로 문제를 떠넘기면서 점점 꼬이도록 하고
작은 문제를 더 큰 문제로 만드는
이상한 나라가 있다

하느님이 보우하사
만세 천세 백세 허세虛歲
마음 찢기는 조국

아직 살아있다는 의미는

축복이 아니라
하느님의 사명이다
이 세상에서 이루어야 할
일거리 때문에 살아있는 것이다
가끔 하느님께서
열심히 일하던 사람을 거두어갈 때
그 주검을 보는 사람들에게 말씀하신다

— 죽은 사람의 일거리를 넘겨받아
— 그 일을 더 좋게 키워야 하느니라

중생이라는 말

사전에서 말하는 중생衆生은
많은 사람
모든 살아 있는 무리
이지만
내가 좋아하는 중생은 만유萬有로
생각하고 싶다
모든 존재는 생명체이다
라고 진정 생각하기 때문이다

아침마다 지구에게 인사할 때
내가
종알종알하면
지구도
중얼중얼한다

끝 기다림

나이가 들어 정신이 부실하면
기다림이 줄어들고
기다림도 헐거워진다
창창한 명절 모습도 희미해진다
끝 나이에
끝 기다림은 죽음일까

하느님의 빛살이다

디귿

셋째 날을 준비하게 하여라.
바로 이 셋째 날에 온 백성이 보는 앞에서
주님이 시나이 산에 내릴 것이다.

탈출기 제19장 11절

다가가면

좀 여유로운 길을 가다 보면—아이를 데리고 가던 엄마가—옆을 보는 아이를 살짝 떠나—전봇대에 몸을 숨긴다—엄마가 사라진 것을 느끼는 아이는 —놀라고—엄마야 하고 소리치거나—어떤 아이는 앙앙 운다—재미로 숨어보는 엄마—엄마를 놓친 아이—다시 신나게 웃으며—엄마 손을 꼭 잡는다

주님에게 다가가면
다가가는 대로 숨바꼭질하는 주님
다가오시면서도 엉뚱한 길로 가시는
그래서 믿음은 앙앙 울다가
웃는 길이다
전봇대가 여러 가지로 많은 길이다

하느님의 헛기침

하느님께서 가끔은
울퉁불퉁한 천둥으로
직설直說 야단을 쾅쾅 치신다
땅을 뒤흔드신다
헛기침치고는 되게 우람스럽다

허공 예술인 벼락은
같은 모양이 한 번도 없는
불타는 곡선의 소묘素描이다
이 정도 작품이라면
헛기침도 매우 신비스럽게 보인다

요셉 성인 부르면

숨이 목에 걸릴 때—요셉 성인 부르면 천당 간다고—작년부터 요셉성인 부르는 횟수가 급증—열 배로 많아—어찌 된 일인지 요셉성인님이 몸소 세상에 내려오신다—전투기—기관총—자살 폭탄—미사일—바다 배가 뒤집히고—묻지마 총질—이 나라 저 나라 살피다가—어질어질—길에 쓰러지셨다—구급차로 병원 간다—응급실 의사에게—나는 하늘에서 잠시 내려온 요셉인데—그 말 듣고 고함친다—정신병자다—하물하물 주사 놓고—정신병원 보내라—

다시 구급차에 눕는다—운전기사 중얼중얼—세상 시끄러번데—정신병자도 마나지고—성한 사람 우예 살겠노—정신병원 독방에 철커덕—요셉성인님이 하룻밤 주무신다—새북에 성모님이 오셔서 천당으로 모셔간다—아침 출근 이사가 간밤의 환자 이름이 머꼬—요셉이랍니다—어디서 왔능고—하늘에서 왔다 캅디다—머라카노 크크—환자 꼬라지 좀 보자—쪼차오는 간호사—새북에 디기 이쁜 부인이 와가 덜꼬 갔답니다—요셉이 사라젔다카먼 뻔하다—요셉성인님이 가시나 옷을 입고 와서 덜꼬 갔을끼다—디진거 우예 써만 대노—천당 갔다고 카문 대지예—니 머리조타—사망진단 종이 퍼떡 가아 온나—

하느님의 안경

시골 성당 울타리
샛노란 개나리꽃 안에서
하느님의 눈동자가 반짝하여
감탄, 이내 눈인사로 꾸벅거린다

성당에 들어서니
화병의 목련꽃이 환하여 다가가 본다
허억
하느님이 안경 쓰고 계신다
그새 시력이 떨어지셨나
만져보니 종이꽃이다

세 번 그리고 세 번

하느님앞
에서삼만
번엎어져
도일어나라고사람들앞에서
삼천번넘어져도일어나라고
예수님께서는그윽한눈길로
나를바라
보며골고
타길에서
세번넘어
졌다가십
자가길에
서세번일
어나셨다

이 나이에 머 하꼬

나이 먹으니까
나이 많은 이들이 찾아온다
드라마가 야시시해서 좋다
노래 잘 뽑는 할마시가 좋다
그냥 편안한 것이 좋다

어쩜 당연한 말 같고
어쩜 꼬시는 말 같고
점집에 가서 이 나이에 머하꼬

— 평생 못다 한 기도나 터지게 해라

나중에 알고 보니, 일흔 넘은 어느 신자가
잠깐 가짜 점쟁이 노릇을 했다는데
그 나이에 참 멋있는 배역을 맡다니

마지막 문

맨발로 들어가는 문
모자를 벗어야 하는 문
알몸으로 여는 문
삭발하고 울며 들어가는 문
큰절을 한 다음에 올라가는 문
쇠붙이를 내려놓아야 하는 문

몸뚱이를 훌훌 벗고
뼈까지 눕혀놓고
혼으로 기도하며 들어가는
하늘 문
마지막 문

붉은 하늘

구월의 하늘은
붉은빛으로 타고 있다

천주天主님이라는 어버이를 만나
생각이 붉디붉고
불타는 마음이 검붉으며
영혼까지 새 붉어
흙바닥을 피로 기도하는 구월을 만들었다

후손들이 두 팔 번쩍 올리며
붉은 구월을
온몸으로 삼키고 있다
온몸으로 노래하고 있다

에덴동산에서

여자가 사과를 준다
그 열매는 안 된다고 하니까 방긋 웃으며
오른손으로 젖가슴을 만지고
왼손으로 사과를 준다
남자가 사과를 한입 먹고 여자에게 준다
사과의 진한 향과 상큼한 맛이 젖어들 때
하느님 걸음 소리가 들려 후다닥 숨는다
젖가슴이 하두 예뻐 그만 사과를 먹었는데
큰일이다 어떻게 변명할까

그날부터
남자는 젖가슴에 눌려 살아야 하고
여자는 온갖 노동의 땀을 두 손으로 닦아야 했다
그리고 그날 그 순간부터
에덴의 모든 짐승은 포악하게 변했다

하느님을 불러 본다

누구나
마음 한 모서리에
쉽게 열 수 없는
아픈 상자를 지니고 있다
깊은숨을 내쉬던 어느 날

하느님 —
속으로도 안 들리는 목청으로
불러 본다

기도의 세 가지 의미

하느님을 향하여
마음을 높이면서 하느님과 대화를
기도라고 교리책에 적혀 있다

시인들은
미루나무 나이테를 관통하여
미루나무는 시인의 심장을 뚫어
하느님을 그윽이
바라보는 일을 기도로 여긴다

신심이 깊은 수도자는
기도는 우리 영혼의 호흡이며
기도는 발딱거리는 맥박이다, 라고 설명한다

그 말씀을 먹으며

그 말씀을 먹으며
학교에 다니고
친구들을 만났습니다

그 말씀을 먹으며
그림 공부를 하면서
낙서하는 버릇을 고쳤습니다

그 말씀을 먹으며
지난 허물을 강물에 흘려보내고
날마다 새로운 아침을 열고 있습니다

그 말씀을 먹으며
자꾸 넘어지려는 다리에 힘을 얻었고
시나이산도 힘차게 올라갔습니다

그 말씀을 먹으며
그 말씀을 곱씹으면서
감사기도를 바치고 또 바칩니다

이번 가을에는

헤어지는 일도
아끼는 마음으로 보기 위해
많은 이별을 찾아보자

함께 지내다가
갈라서는 조용한 모습도
아름답다는 진실로 받아들이자

이별도 사랑임을
낙엽을 만지면서 배우자
하느님을 느끼면서 배우자

오징어와 소주

천주교인을 박해하던 때에
프랑스 사제들이
상복喪服에 삿갓을 쓰고 다녔다고
철판에 그림까지 그려가며
열강 거품을 닦는데
뒤에서 킥킥거리는 소리가 들렸다

— 신부님 그림이 오징어 같아요
— 소주 두어 병 사 올까요

그날 밤
한국천주교회 역사 공부는
소주로 마무리하면서
커어 박수 크으 노래까지 불렀다

요즘의 하느님께서는

고가高價 수려한 장식
일류 피륙의 빛나는 복장
웅장한 마이크 말씀
황금 십자가
명령하는 높으신 교회
자동차 번쩍 골프 빙빙
하느님의 사업 계획 간판

참다 참다 몰래
교회를 빠져나와
바람 타고 바다로
풀 내음 따라 산으로
시골 아이들과
굵은 소금 서너개 올린 감자 먹으며
고추잠자리와 신나게 놀고 계신다

리을

커룹마다 얼굴이 넷인데,
첫째는 커룹의 얼굴이고,
둘째는 사람의 얼굴,
셋째는 사자의 얼굴,
넷째는 독수리의 얼굴이었다.

에제키엘서 제10장 14절

라틴어 배우면서

라틴어 교수가 빙긋 웃더니
처음 버스를 만들었을 때
차 이름을 pro omnibus*라고 불렀다는데
이름이 길어 얼마 후
omnibus로 줄였다고 말한다
한참 후 omni를 버리고
bus라고 했다는 말을 듣고 씨익 웃었다
긴 이름보다 짧은 이름을 좋아하는 것은
어느 나라이든 마찬가지인 듯

갈비 맥날 새등 복세편살 등
줄임 말이 많아 젊은이에게 물어 배운다
그때도 씨익 웃는다

* pro omnibus (라틴어—발음) 쁘로 옴니부스
pro omnibus (라틴어—직역) 모든 사람을 위하여 혹 많은 사람을 위하여
pro omnibus (의역) 여러 사람이 탈 수 있는 큰 자동차

해발 9천 미터

몽골 초원에서 인도로 날아가는
쇠재두루미는
히말라야의 냉기류를 뚫어야 한다

천사들이 만든 동영상인 듯
해발 9천 미터에서
두 날개로 끊임없이 기도하며
삼각 화살표를 그린다
그때 쇠재두루미들의 심장 박동은
성당 종소리처럼 태산을 어루만지면서
고풍高風으로 찬미의 합창을 부르고 있다

카인의 돌멩이

그 돌멩이가 아우를 때려 죽인다 그리고
그 돌멩이가 세상 굴러다니면서
폭군을 만나면 아벨의 피가 또 울부짖는다
독재자는 카인의 돌멩이로
총과 탱크를 만들어 정의와 충정의 목을 자른다
어느 나라든 황금 귀마개를 하고
독단 아닌 척하는 독재자는
수많은 아벨을 야금야금 해골로 만든다

검붉은 절규와 몸부림은
밤마다
하느님의 발을 잡아당긴다

수행자가 되면

새들은 바람을 마시면서
날개로 기도한다
바다를 삼키는 돌고래는
푸른 물결을 흔들어
아침 인사를 힘차게 한다
엄마를 먹고 자란 아기가
시인이 되면
수행자가 되면 하느님을 먹는다
그리고 이내 하느님에게 먹힌다

황토 흙바닥

만나면서로
싸우는거만
함이지나가
던겸손을후
려치며발길
로목덜미를
짓누른다황
토흙바닥이
쓰러진겸손을보듬어준다그리고허리는매번굽히더라도
넘어지는일은안된다고한라산과태백산을맨발에신겨준다

성금요일의 일기

요한의 부축으로 들어오는 어머니께
공포에 짓눌린 은신처의 사도들이 읍한다
불안 절망 비통함 침묵
도망갔던 사도들이 요한에게 조용 조용 묻는다
골고타의 모든 일이 궁금하다면서 묻는다
요한은 입술을 지그시 깨물었다
— 베로니카의 참담한 몸부림
— 뼈 마디 부서지는 망치소리
— 오른 편 죄수를 용서하심
— 어머니를 잘 모셔라
— 론지노의 창날
— 십자가 지고 오르시면서 세 번 넘어지심
그때 베드로는 밖으로 나가
땅을 껴안고 끄윽끄윽 온몸으로 통곡한다

빛살기도

우예 우예 우짜다가
저 같은 대죄인이
쪼그만 귀퉁이 별이 된다면
빛살기도로
하느님의 창문을
매일 닦아드리고 싶습니다

가로등

숨을 멈춘 어머니
누워서 큰 차를 타고 가신다
자식들은 고개 숙이고 묘지로 향한다
가을바람 안으면서 핏기없는 풀잎들이
하직 인사로 손을 흔든다
흙집에는 온돌이 없으니 얼마나 추우실꼬
어머니께 가끔 들려달라고 산새에게 청한다

텅 빈 집으로
돌아오는 어둑한 길
가로등도 고개 숙여 서 있다
어머니를 흙집에 모셔드린 날

속俗과 성聖

속俗이
성聖의 긴 옷을 입고 가다가
속俗의 자루 옷을 걸친 성聖을 만나
쥐포 안주와 소주를 켜어 쩝 비운다
시비 곡절을 따지면서
서로
진짜 성聖이라고
웃통까지 벗어 던진다
성과 속을 하나로 여기는 시인이
지나가며 한 마디 던진다

— 덜 익으면 땡감이고 익으면 연감이다
— 익으면 함께 먹지만 땡감은 늘 둘이다

인조신人造神

신神은 죽었다—유럽의 그 철학자 마을 공동묘지서 —돌고 돌아 신의 무덤을 찾았다—묘 위에 낮잠 즐기는 신을 만나—큰절 올린다—어디서 왔는고— COREA에서 왔습니다—어인 일인고—COREA에 오셔서 뒤죽박죽 나라를 잡아 주시기 앙청합니다 —커허, 거기도 인조신人造神이 날뛰는 곳이라 갈 맘 없으니—기다리겠습니다—소용없는 일, 수평水平을 모르는 인조신들을 어쩔꼬—

불새는 오지 않고 박쥐들만 파닥거린다
기다리는 신神은 오시지 않는데
오순절 바람 대신 매스꺼운 먼지만 몰려온다
갈망하는 신神은 오시지 않는데

핸들 기도

앞 버스는
예수님과 사도들이 사마리아로 가시고
옆의 승용차는
성모님께서 예루살렘에 가시는데
뒤에 오는 차들은
예수님과 성모님의 도시락을 싣고
천사들이 운전한다고 합니다

하느님
조심조심 운전하겠습니다
저희 핸들을 지켜주소서
아멘

혼으로 기다린다

내가 범한 숱한 죄들이
내 영혼의 날갯죽지까지 갉아먹어
어떡하나, 어깨 목이 막혀 어쩌나

— 두려워하지 마라
— 뜨거운 날개를 내려주마
하늘로 오르시는
주님의 말씀을 듣고
마음을 치대며 기다린다
새로운 혼魂으로 기다린다

순교의 나래를

하느님께서
아담을 만드실 때 성장하면서 죽고
다른 차원에서 또 성장하다가 허물 벗고
마지막에 천사가 되도록 빚으신다
영혼의 나래를 차곡차곡
깊이 접어 숨긴 채
사람을 세상에 내보내신다
그 중에
단번으로 천사가 되는 길
붉은 나래를 펴서 오르는 길
순교의 나래를
가장 아름답게 만드신다

아베체데

주님께서 내려오시어
사람들이 세운 성읍과 탑을 보시고 말씀하셨다.
"보라,
저들은 한 겨레이고 모두 같은 말을 쓰고 있다.
이것은 그들이 하려는 일의 시작일 뿐,
이제 그들이 하고자 하는 것은
무엇이든 못할 일이 없을 것이다.
우리가 내려가서 그들의 말을 뒤섞어 놓아,
서로 남의 말을 알아듣지 못하게 만들어 버리자."

창세기 제11장 5~7절

싱글single

친구들과
시골 다방에 들어섰다
— 커피 석 잔 그리고
— 과부 한 접시
아가씨가 몸을 비틀고
과부라니, 팩 돌아서 가며
중얼거린다
싱글single도 모르는 영감들이
아직도 많은가 봐

테이크 아웃takeout

나이 들면 갑자기 한 단어를 잊어
말을 더듬거리는 때가 있다는 사실을
알고 느끼는 순간
이그, 나도 이제 팍 늙었구나

커피 주문하는데 아가씨가 빠른 속도로
— 여기서 드시겠어요 테이크아웃하시겠어요
대답을 즉시 못하고 테이크 테이크 중얼거렸다
— 테이크는 잡는다는 말이고
— 아웃은 밖이라는 영어에요
— 그러니까 여기서 드시겠어요 아니면
— 커피를 들고 밖에 나가서 드시겠어요
영어를 배우지 못한 노인으로 여기니까
우물거려야지 하는 생각은 어찌 번개처럼 솟아날까
　고마워요 아가씨 들고 나갈께요
　아가씨 영어 참 잘해요 고마워요
— 그 정도 가지고, 고맙습니다 안녕히 가세요
입에서 '땡큐 베리마치'가 튀어나오려는 것을
혀를 지그시 물고 빙긋 웃었다

영어회화 공부

수요일 점심을 제가 사겠으니—점심 먹으면서 회화 공부를 하고 싶습니다—그렇게 합시다—그런데 짜장면은 먹을 수 있습니까—잘 먹습니다—저는 물고기를 못 먹는데 혹시 물고기fish food는 먹습니까—영어에 fish food라는 단어가 없습니다—그러면—물고기를 sea food라고 합니다—감사합니다 오늘 당장 한 단어 배웠습니다—

그 다음 수요일에 짜장면과 탕수육을 먹는데
캐나다 교수가 영어로 말한다

지난 수요일에 제가 말을 잘못했습니다—무슨 말씀을—영어에 fish food라는 단어가 없다고 말했는데—예 기억하고 있습니다—그런데 영어에 fish food라는 단어가 있습니다—어떤 뜻입니까—어항안의 물고기에게 주는 먹이가 fish food입니다—그렇군요—오늘 또 하나 배웠습니다—감사합니다—

자로 오이소

어릴 때 동네 아줌마들이
'자로 오이소'하고
자기 집에 오는 어른에게 인사했다
자러 오라는 말이 아니고
편히 오세요 또는 잘 오십니다
라는 뜻이고 그냥 인사인데 그런가보다 생각했다

몇 해 전 어느 커피숍 문 위에
깔끔하게 붙여 둔 'welcome'을 보고
문득 '자로 오이소'가 생각났다
하아, 오래전부터 경상도 아줌마들은 벌써
영어 인사를 직역하여 사용하였구나
대단하다
여기면서 요즘도
'자로 오이소'하는지 찾아가 듣고 싶다

물수제비 기도

화살기도가 더 좋다
쪽지도 보내고 화약 냄새도 없으니까
아니라면, 빛살기도가 더 좋다
사랑 빛줄기이니까

따질 일이 아닌 듯
별이 보이면 빛살기도를
새들이 노래하면 화살기도를
그리고
그분이 좋아하신다면
물수제비 기도를 멀리 올리자

금연 광고

2010년 7월 6일 저녁
왜관 어느 식당
청국장 주문하고 기다리다
벽에 붙은 금연광고를 보고 웃었다

금연 두 글자 아래
금연을 표시하는 도안이 있고
그 아래
99세 이상은 제외

마지막 글 '99세 이상은 제외'를
어떻게 이해하여야 하는지 고민하다가
청국장 다 먹고도 풀지 못했다
오늘 밥은 잘 먹었는데
숙제를 못했다는 생각으로 또 웃었다

우주 가득한 성체성사

아기는 엄마를 먹는다
엄마의 손맛을
엄마 마음을 느끼는 세월이
노구老軀가 되면
엄마를 되새김질한다

고개 들어 하늘을 보니
사람은 줄곧 어머니하느님을 먹고
어머니하느님은 사람을 연신 곱먹는다
하느님은 먹이사슬의 시종始終이며
우주는 하느님의 먹이그물임을 깨닫는 순간
하늘 높이 은하銀河 빵이 흘러간다

더 새로운 세상

2월 9일 오후 어느 텔레비전에서
안토닌 드보르자크
'신세계로부터' 교향곡을 본다
지휘봉 밑에서 바이올린의 끊어진 현
한 가닥이
하얗게 손짓을 한다
더 새로운 세상을 얼마나 갈망하는지
가녀린 현string 弦이 지휘봉을 잡으려고 한다

어두운 한반도의 온갖 고통 선線들이
밝은 날을
맑은 노래를 얼마나 갈구하는지
텔레비전에서 보이는 한 가닥 현이
하느님 마음을 부르고 있다

마음의 눈을

사람의 마음을 통째 가지려고
주님께서는
론지노의 창날을 받으신다
곧이어
가슴으로
마음의 눈을 뜨시면서
마지막 핏방울까지
꺼내어 주신다

순례 여행 가방

필요한 물건들을 넣는다
설레이는 마음도 담는다
기도하는 정성으로

순례길에서 만나는 주님에게
순례길에서 만나는 성모님에게
순례길에서 만나는 성인에게
드려야 하는 내 영혼의 부끄러움도
가방 한구석에 넣는다

엄청 커다란 십자가 안에
순례 가방을 고이 모시고
그 안에
뜨거운 감동과 열정을 채우려는
큰 욕심 하나로 하늘로 오른다

순례자의 기도 1

하느님에게 나아가는 길에는
하느님이 가득
성모님 모시고 걷는 길에는
하늘 사랑 땅 사랑 가득
사도들 성인성녀들 기리는 길에는
물 바람 흙 가득
순교자들 증거자들 기리는 길에는
흙 나무 불 가득

누구나 걸어야하는 시간여행도
저희에게는 주님을 향한 순례길입니다

초침의 속도와 함께
주님을 부르고
분침의 흐름 안에서
겸손을 실천하며
시침의 걸음으로 시간 공간 행위를
성찰 참회하도록 이끄소서
아멘

순례자의 기도 2

시나이산의 하느님
백두산 산령山嶺과 백록담의 하느님

소금바다와 예루살렘의 하느님
백두대간 소나무의 하느님

로마와 산티아고의 하느님
한티 새남터 신나무골의 하느님

과달루페 루르드 파티마의
하느님
과달루페 루르드 파티마의
성모님

저희들의 순례길을
항상 보호하시면서 인도하소서
아멘

새하얀 부메랑

오늘 아침에도 하느님은 연신
새하얀 부메랑을 던지신다 멀리
깜깜 우주 허공으로
어느 것은 별이 되어 돌아오고
어느 것은 벌건 상처를 안고 날아온다
장미 넝쿨로 돌아오는 부메랑
노래가 되거나 시詩로 변하는 부메랑
심하게 다친 허리가 간당거리는 부메랑
오로라를 환하게 입은 부메랑

너 나 그
우리 모두
하늘을 떠나던 그때는
새하얀 부메랑이었다

덧거리 글

주님, 저를 내던지지 마소서,
다 늙어 버린 이때에.
저의 기운 다한 지금 저를 버리지 마소서.

시편 제71편 9절

덧거리 글 1

시 짓는 일이 힘들지만

시를 짓는 일이
갈수록 어려워 힘들지만
시에 미치니까
시도 때도 없이 시를 짓게 됩니다

아홉 번째 시집을 펴내면서
부족함을 드러내 보이는 것도 부끄럽고
저의 허물을 보여드리는 것도 무안스럽습니다

시를 지으면서
시를 읽으면서
우리 말이 얼마나 아름다운지, 어느 날은
싱싱한 꽃을 한 트럭 가득 싣고 와서
가나다라 마바사 자음과 모음을 그리고
우리말 사전 안팎으로 사용되는 모든 낱말을
꽃향기로 고이 곱게 닦아드리고 싶습니다

아베체데ABCD는 라틴어 알파벳alphabet인데
라틴어를 포함하여 서구의 어떤 언어보다
한글만큼 아름다운 언어는 없다고 자부하는 마음으로
이번 시집 이름을
'가나다라 아베체데'로 하였습니다

덧거리 글 2

주일 미사 시작 전, 용서의 절

주일 미사를 집전하는 사제가
성호경을 긋기 전에
신자들에게 이런 말로
용서 청하는 절을 다 같이 하는 것이 어떨는지요

"어버이 하느님 집에서
하느님께 감사와 영광을 드리는 제사를 바치기 전에
우리 다 함께 가족이나 이웃에게 잘못한 일을
서로 용서 청하는 절을 하시면 좋겠습니다

〈저의 부족함을 용서하여 주세요〉

이제 미사를 깨끗한 마음으로 봉헌합시다"

그리고 성호경을 그으면서
미사를 시작함이 어떨는지요

덧거리 글 3

난감한 편지

2028년 쯤
바티칸의 교종께서 난감한 편지를 받으리라 상상한다

교종 성하
저는 한국 조그만 시골의 80된 영감입니다
저녁마다 아내랑 묵주기도를 하면서 신앙에
노력했습니다
두 달 전 아내가 죽어 묵주기도를 하지만 힘이 듭니다
성모송을 전반 후반 나누어가며 바쳤다가
지금은 저 혼자서 모든 기도문을 중얼거려야 합니다
이를 눈치 챈 서울 사는 아들놈이
마누라를 아주 예쁘게 만들어 보내주었습니다
그래서 묵주기도를 바칠 때 젊은 여자 목소리이지만
마누라 로봇과 함께 바치니까 아주 좋습니다
교종님 이렇게 묵주기도를 바쳐도
기도의 은혜를 다 받을 수 있는지 여쭈어 봅니다

교종께서 추기경들을 불러 이 편지를 주면서
좋은 답을 만들어 오라고 했는데 해답이 어려운지
쟁쟁한 신학박사들을 모두 불러
아직도 토론하고 있다는 소식입니다

덧거리 글 4

텔레비전 방송국에 건의하는 글

노인들이 많아지는 현상은
어쩔 수 없는 일입니다
세계 모든 나라에서 걱정하는 일입니다
노인들을 위하여
텔레비전 방송국에 한 가지 건의를 드립니다

화면 아래 자막을 올리는데
글자를 약간 크게 그리고
지금 속도보다 2초 정도 더 길게 올리면
노인들이 보기가 매우 좋을 듯합니다

덧거리 글 5

지폐 도안 인물

혹시 이순신 장군을
지폐 인물로 정하여 그릴 경우

정상적인 모든 지폐는 가로로 보는데
이순신 장군만은
세로 지폐 방향을 만들어
이순신 장군의 전신을 그리고
동양을 넘어 세계를 응시하는 모습이라면
참 좋겠다는
생각을 해봅니다

덧거리 글 6

아그사 그리고 두아총

어쩌면 저에게 마지막 공부가 될 것 같은
'연필로 초상화 그리기' 강좌에 등록하여
그림 그리기를 시작했습니다
그림 그리는 사람도 시를 공부하는 사람처럼
순수하고 차분한 분들이어서 기분이 푸근하였습니다
제가 시에 미친 사람이라 인사하고
귀가 어둡고 나이가 많아 죄송하다고 말했습니다
함께 공부하는 분들이 모임의 이름을 만들어
보라고 하여
지도 선생님의 허락을 받아 '아그사'라고 지었습니다

아~름다운 마음을
그~리는
사~람들

또 제가 마지막 시 공부를 함께 하였던
'두아총' 자랑도 했습니다
그림 공부가 어렵지만 재미있습니다
무엇보다 그림 그리는 일이 치매 예방에 좋다고
하니까
신나게 공부를 계속할 생각입니다

덧거리 글 7

수박 때문에 울었던 일

5년 전 여름
마당에 떨어진 수박 씨앗이 머리를 디밀어
반 뼘 정도 자갈을 뚫고 나타났습니다
그때가 8월 중순쯤이고 코스모스가 활짝 피면
시들겠지 했는데 갈수록 싱싱해 보였고
며칠 후 메추리알만 한 수박이 열렸습니다
이거 참 어떡하려고 저럴까
수박이 나타나다니 이거 어쩌지
익을 시간도 부족할 터인데 어쩌지

반가운 친구처럼 느껴져 의자를 놓고 말을 합니다
그냥 가을바람 따라 살 때까지 지켜보려고 했는데
그래 그러면 커다랗게 익지 않아도 좋으니
함께 노력해보자 그리고 기도하는 법을 가르쳐 줄게
너도 생명을 가진 존재이니까 하느님께 매일 기도
해야지
나랑 같이 매일 기도를 하다가 이야기도 하자

세상은 재미있고 살만한데 정치가들이 나라를
망치고 있어
국민을 위한다고 말을 하면서 몰래 나랏돈 절반
이상 빼먹어

그리고 역사 이야기도 해 줄게
시도 읽고 시 쓰는 법도 가르쳐줄게
바다 산 학교 별 나비 참새 여행 비행기 등등
생각나는 대로 이야기 해주었습니다

수박이 아주 동그랗게 점점 커지고 있었습니다
가끔은 달밤에 천연 고급 비료를 조심스레 주기도
하는데
9월 초순, 자로 지름을 재어보니 15센티 크기로
아주 예쁜 수박으로 자랐습니다 하루하루 지나니까
줄기도 마르고 잎도 변하기 시작했습니다
그냥 두려다가 동그라니 예쁘게 생겨 곱게 꼭지를
잘랐습니다
식탁 위에 놓고 하루 이틀 작품으로 감상하다가
거실 벽에 성모 마리아님 그림 그리고 책
텔레비전 화분 등등 소개를 하였습니다
3일 후에 혹시 익었을는지도 모르지
칼로 조심스럽게 두 쪽으로 가르니까
세상에! 이럴 수가! 발갛게 익어 환하게 웃고 있습니다
순간 목이 꽉 막혔습니다 나를 위해서 익어준 것처럼
까만 눈알로 나를 쳐다보고 있었습니다 먹기 좋게
칼로 베어 입안으로 넣는 순간 울대가 뜨거워지고

눈물이 흘렀습니다
잘 익은 맛과 그 맛 안에 느껴지는 수박의 고마운
마음 그러니까 매일 키워주고 이야기도 해주었던
은혜를 보답하기 위해
끝까지 노력하였다는 말을 나에게 맛으로 전하고
있구나 하는
생각이 들자 눈물이 더 쏟아졌습니다
세상에, 내가 수박 때문에 울다니

모든 존재는 사랑을 받으면 반드시 사랑으로
보답하는구나
동식물 바위 흙 등 모든 존재가 인간이 느끼지
못하는 방법으로
하느님을 얼마나 사랑하는지
수박 때문에 울었던 날
그날 아주 깊이 깨달았습니다

덧거리 글 8

가끔 달리 생각이 난다

여기서 달리는 다르게 생각하는 의미가 아니고
살바도르 달리Salvador Dali 초현실주의 화가를 말한다
그가 단골로 다니던 빵집
제빵사와 호흡이 맞아
빵으로 침대와 가구 등을 만들었다는 일화가 있다

묵주기도를 바칠 때 잔일을 하면서 기도하게 되면
성모송을 몇 번 바쳤는지 모를 때가 있다
엄지만 한 작은 빵을
열 개 붙여서 만들면 좋겠다는 생각이 날 때
스페인 화가 달리가 눈에 어른거린다

지금도 빵으로 만든 침대가 있다면
거기서 자다가 배가 고플 때
뜯어 먹어도 좋겠다는 상상을 한다
피카소는 시를 쓰기도 했다는데
달리도 시를 적었다면 빵 냄새가 나는 시詩가
되었겠지

덧거리 글 9

2017년의 시집은 열 번째 시집

내년이 많이 기다려지는 이유는
2017년 시집은 저의 열 번째 시집이기 때문입니다
그리고 2008년 어머니 시집을 펴냈을 때
출판기념회에서
등단 10년 되어야 시인이라고 말할 수 있습니다
어디 가서든 절대로 시인이라고 말하지 마세요
귀띔으로 듣고 설마 했는데
정말 시인사회도 무서운? 곳임을 알았습니다
어느 단체이든 기득권이 있고 선후배가 있어서
신입생 신입자 신참자라는 용어가 있기 마련이지만
시인사회에서까지 그럴까
늘 긴장하고 늘 조심했습니다
내년부터는 긴장을 조금 느슨하게 하고
가장 중요한 겸손을 위하여 더더욱 노력할까 합니다

가나다라 아베체데

초판 1쇄 발행일 • 2016년 10월 7일

지은이 • 박춘식
펴낸이 • 이재호
펴낸곳 • 리북
등 록 • 1995년 12월 21일 제406-1995-000144호
주 소 • 경기도 파주시 광인사길 68, 2층
전 화 • 031-955-6435
팩 스 • 031-955-6437
홈페이지 • www.leebook.com

정 가 • 8,000원

ISBN 978-89-97496-41-9